Couvertures supérieure et inférieure manquantes

COURS COMPLÉMENTAIRE

DE GÉOGRAPHIE

D'HISTOIRE ET DE LÉGISLATION

DES

ÉTATS DE L'EXTRÊME ORIENT

ÉCOLE SPÉCIALE DES LANGUES ORIENTALES VIVANTES

COURS

COMPLÉMENTAIRE

DE GÉOGRAPHIE

D'HISTOIRE ET DE LÉGISLATION

DES

ÉTATS DE L'EXTRÊME ORIENT

DISCOURS D'OUVERTURE

Prononcé le mercredi 30 novembre 1881

PAR

M. HENRI CORDIER

PARIS

ERNEST LEROUX, ÉDITEUR

LIBRAIRE DE LA SOCIÉTÉ ASIATIQUE,
DE L'ÉCOLE DES LANGUES ORIENTALES VIVANTES, ETC.

28, RUE BONAPARTE, 28

1881

DISCOURS D'OUVERTURE

DU

COURS COMPLÉMENTAIRE

DE GÉOGRAPHIE

D'HISTOIRE ET DE LÉGISLATION

DES ÉTATS DE L'EXTRÊME ORIENT

PRONONCÉ

A L'ÉCOLE SPÉCIALE DES LANGUES ORIENTALES VIVANTES

Le mercredi 30 novembre 1881

MESSIEURS,

La chaire que j'ai l'honneur d'occuper aujourd'hui, grâce à la confiance qu'ont bien voulu me témoigner M. le Ministre de l'Instruction publique et M. l'Administrateur de l'École, a été créée en 1873 pour M. Guillaume Pauthier; malheureusement, ce savant distingué n'eut pas le temps de faire part à ses auditeurs des trésors d'érudition qu'il avait accumulés pendant une longue vie de soixante et onze ans, car son cours, commencé le 16 janvier 1873, fut terminé brusquement par une mort inattendue le 11 mars de la même année, au moment même où M. Pauthier, libre d'une concurrence redoutable, pouvait espérer enfin de recueillir en paix la récompense d'une existence consacrée d'une manière absolument désintéressée à la science.

M. Pauthier n'était pas un de ces savants rébarbatifs qui, après une jeunesse écoulée au milieu d'études ardues, gardent dans la force de l'âge l'empreinte sévère de l'austérité de leurs premières années; avant que d'être un orientaliste, M. Pauthier fut un soldat et un poète. Né en 1801, à Besançon, il avait grandi avec le siècle, et ce siècle, qui devait dans sa vieillesse être le siècle du « naturalisme » avait été d'abord dans sa maturité le siècle du « romantisme. » Jeune et ardent, M. Pauthier avait puisé son inspiration aux sources vives de la liberté, et ses premiers ouvrages étaient empruntés à la Grèce, alors à la mode, et au grand génie anglais qui s'était fait son chantre et son défenseur : Byron ! C'est ainsi que la « Lyre d'un soldat français » fut suivie de deux volumes, « les Helléniennes, » d'une traduction des « Odes patriotiques de Kalvos de Zante » et d'une traduction en vers de « Child-Harold. »

Ce ne furent pas les seuls crimes littéraires, puisqu'on est convenu d'appeler crimes littéraires toutes œuvres de la jeunesse d'un homme qui a plus tard changé la nature de ses études, car je possède dans ma bibliothèque un petit volume in-8°, imprimé avec soin en 1826, l'année même de la publication du second volume des *Odes et Ballades*, qui a pour titre : *Mélodies poétiques et Chants d'amour*, par G. Pauthier de Censay.

L'ardeur guerrière de M. Pauthier, sans qu'elle ait perdu sa flamme, car on la retrouvera plus tard tout entière dans ses polémiques avec un illustre rival, s'était un instant calmée; le jeune soldat de Besançon ayant donné sa démission, sa muse s'en ressentit quelque peu, quoique nous retrouvions encore, en 1831, des poésies de notre orientaliste : il avait déjà débuté en 1829, dans la longue carrière qui devait le faire connaître, par deux articles dans le *Globe*, sur une tragédie chinoise traduite en anglais par Davis (1).

Les études chinoises avaient alors pour représentant Abel Rémusat. Esprit d'une rare sagacité, possédant des connaissances fort étendues, doué d'un grand sens critique, écrivain d'une merveilleuse clarté, Abel Rémusat avait renoué une tradition

(1) *Han koong tseu*, or the Sorrows of Han.

commencée à Fourmont et a su mériter par des travaux absolument nouveaux, basés, tantôt sur des études personnelles, tantôt sur des mémoires encore inédits de missionnaires, le nom de fondateur des Études chinoises en France et une renommée que n'a pu éclipser son brillant élève et successeur, Stanislas Julien.

Malheureusement, M. Pauthier ne devait profiter que fort peu de temps des leçons de ce maître aussi distingué par l'intelligence que par le cœur : le choléra de 1832, qui fit tant de victimes à Paris, faucha cette phalange d'orientalistes qui illustrait alors notre pays, et en même temps que Chézy le sanscritiste, Saint-Martin, l'historien de l'Arménie, il enlevait Abel Rémusat. Je n'entrerai pas dans le détail des travaux de M. Pauthier, ni de la lutte qu'il soutint contre M. Stanislas Julien, héritier officiel d'Abel Rémusat. De natures absolument différentes, M. Stanislas Julien et M. Pauthier se sont partagé le domaine des études chinoises. Doué d'une mémoire prodigieuse, M. Julien, soutenu par de fortes études premières, possédait à un suprême degré cette opiniâtreté dans le travail, qui ne recule ni devant la longueur, ni devant les difficultés d'une tâche ; il lui manquait toutefois cette largeur de vues et cet esprit critique qui non seulement vous fait tolérer, mais encore vous fait rechercher des rivaux dans l'intérêt général de la science.

M. Pauthier, tempérament ardent, moins versé dans la langue chinoise que M. Julien, servi par une mémoire non moins remarquable, apportait à ses recherches un esprit plus large, mais en même temps des connaissances moins profondes ; il a embrassé un peu toutes les études, et tandis que M. Julien, avant de commencer les études sanscrito-chinoises qui ont fait la partie la plus solide de sa réputation, se contentait d'être pendant longtemps un traducteur et un grammairien, M. Pauthier abordait tour à tour la philologie comparée dans « Sinico-Ægyptiaca, » la géographie et l'histoire dans ses recherches sur « Marco Polo ; » il était lexicographe et ébauchait un « Dictionnaire étymologique chinois-annamite-latin-français » ; épigraphiste, il étudiait à deux reprises différentes l'inscription de Si-ngan-fou ; polygraphe, il donnait au *Journal Asiatique*, à la *Revue de l'Orient*, aux *Annales de Philosophie chrétienne* des mémoires et des articles sur les sujets les plus divers.

Nous n'essaierons pas de suivre M. Pauthier sur tous les terrains qu'il a parcourus ; nous nous contenterons de considérer son œuvre comme historien, et elle est vaste.

M. Pauthier n'a pas écrit l'histoire générale de la Chine ; il s'est plu à présenter dans des mémoires, des aperçus sur différents sujets. Ce n'est que dans son ouvrage « la Chine moderne, » dans la collection de « l'Univers pittoresque, » chez Didot, qu'il a publié une vue générale de l'histoire de la Chine ; il nous donnait tantôt un mémoire sur « l'Antiquité et l'histoire de la civilisation chinoise, » tantôt des « Documents statistiques officiels, » mais il semble, dans le domaine de l'histoire et de la géographie, avoir ramené ses recherches à deux grandes œuvres : l'une, consacrée à l'illustre voyageur Marco Polo, l'autre, restée à l'état d'ébauche, serait devenue l'histoire des relations politiques et commerciales de la Chine avec les puissances d'Occident.

Marco Polo, dont la réputation est allée grandissant de siècle en siècle, qui a plus fait pour la connaissance de la géographie asiatique à l'époque du moyen âge que tous les autres voyageurs réunis ensemble, offrait un sujet digne de l'érudition d'un savant tel que M. Pauthier. L'édition des voyages du grand Vénitien qui nous a été donnée par lui en 1867 était la meilleure publiée jusqu'alors ; si les travaux du colonel Yule l'ont fait un peu oublier, elle n'en reste pas moins une œuvre des plus remarquables qui mérite d'être consultée encore.

M. Pauthier nous a fourni des notes sur le cérémonial et des documents relatifs aux ambassades étrangères à la cour de Peking, et enfin il a réuni dans un volume, sous le titre : « Histoire des relations politiques de la Chine avec les puissances occidentales », l'ensemble de ses notes sur les relations entre Étrangers et Chinois ; si tout cela est resté à l'état d'esquisse, il y avait là cependant l'indication, le cadre même de travaux ultérieurs qu'un homme aussi actif que M. Pauthier n'eût pas manqué de développer : la mort vint interrompre tous ces projets.

J'avoue que lorsque M. l'Administrateur de l'École me proposa une aussi lourde succession, je ne l'acceptai pas sans crainte. Il faut se rendre compte de tout ce que renferment ces mots : « Cours d'histoire, de géographie et de législation de l'extrême Orient. » Dans ses grandes lignes, le programme est déjà fort vaste; étudier d'une manière générale au point de vue de l'histoire, de la géographie et de la législation, la portion de l'Asie située au delà du Gange, c'est-à-dire la Chine, le Japon, la Corée, la Mandchourie, la Mongolie, le Thibet et la presqu'île Indo-Chinoise, depuis l'antiquité la plus reculée jusqu'à nos jours, était déjà un labeur énorme ; mais si l'on se rend compte des mille problèmes qui se rattachent aux questions d'ensemble, sans être cependant moins importants, on est effrayé de la tâche qui se dresse devant soi.

Il faut donc savoir se limiter, et choisir un fragment de cet ensemble; j'ai cru rester dans la tradition de M. Pauthier, tout en suivant mon inclination personnelle, en choisissant pour le cours de cette année, cette partie de l'histoire des relations politiques et commerciales de la Chine avec les puissances d'Occident qui commence au XVIe siècle. M. Pauthier disait dans son discours d'ouverture :

« Je n'ai pas l'avantage d'avoir séjourné dans une partie des « États dont j'ai à vous entretenir, mais pendant cinq ou six ans, « j'ai voyagé dans mon cabinet avec le célèbre Marco Polo, dans « toutes les parties de l'Asie sur lesquelles j'aurai à vous entretenir « et dont il a été aussi le premier révélateur. »

J'ai eu la chance de passer près de huit ans dans l'extrême Orient et j'y ai accumulé notes et renseignements, mais j'ai eu également la bonne fortune de vivre, comme M. Pauthier, dans la compagnie non seulement de Marco Polo, mais encore dans celle des grands voyageurs ses prédécesseurs, ses contemporains et successeurs, Plan Carpin, frère Ascelin, Jourdain de Séverac, etc., etc. Je dois même prochainement publier, avec un savant dont la haute érudition protégera mes travaux propres, une collection de voyageurs dans l'extrême Orient à l'époque du moyen âge; il m'eût donc été facile et agréable de choisir, pour le cours de cette année, l'étude de la géographie de l'extrême Orient depuis le XIIe siècle jusqu'au XVIe siècle. Mais je n'ai pas oublié que l'enseignement de cette école, enseignement qui a fait en grande partie sa force, était destiné à des élèves qui doivent entrer dans des services publics à l'étranger, soit comme interprètes, soit comme consuls; il fallait donc, pour les débuts tout au moins, que ce cours fût pratique, qu'il ne rebutât pas les commençants par des problèmes d'érudition, intéressants pour des savants de profession, mais en somme peu utiles pour des jeunes gens qui désirent embrasser une carrière active. J'ai donc choisi un sujet plus en rapport avec le but que se propose l'école, et sans perdre, je l'espère du moins, de son caractère scientifique, le cours de cette année offrira un intérêt plus général.

Les relations de la Chine avec l'Occident remontent à une antiquité assez reculée ; déjà dans la « Bible, » un passage d'Isaïe est relatif à la Chine : *Voici, ils viendront de loin; voici, ceux-ci viendront d'Aquilon, et de la mer, et ceux-là du pays des Siniens* (1). Virgile et Horace ont chanté les Sères habiles à manier l'arc :

> *Doctus sagittas tendere Sericas*
> *Arcu paterno?.....* (2)

Des historiens comme Florus et Ammien Marcellin, des naturalistes comme Pline, nous parlent de ce peuple éloigné, et les Chinois eux-mêmes ont gardé la trace de leurs relations avec l'empire romain, « Ta-tsin-kuo, » comme ils l'appellent.

Puis vient, après les Arabes et les Persans, cette longue série de voyageurs : moines, marchands, ambassadeurs qui s'échelonnent, pendant une période de cinq siècles, sur la route de la Tartarie et

(1) XLIX, 12.
(2) Lib. III, Od. XXIX. *Ad Mæcenatem.*

du Cathay, nous laissant des relations, parfois de simples itinéraires, quelquefois même de maigres notes qui nous fournissent néanmoins des documents précieux pour l'étude de l'Asie ; à leur tête marche Marco Polo, et autour de lui se groupent Benjamin de Tudèle, Plan Carpin, Ascelin, André de Lonjumel, le roi Hetoum, le connétable d'Arménie, le frère Hétoum, Jourdain de Séverac, Odoric de Pordenone ; puis s'espaçant à leur suite d'années en années, de siècle en siècle, Jean de Mandeville, Niccolo Conti, Gaspar da Cruz, Pinto, jusqu'à ce que nous arrivions au moderne Benoît de Goes.

La date officielle du commencement des temps modernes est 1453, date de la prise de Constantinople par les Turcs ; mais l'ère véritable est celle de la découverte de l'Amérique et de la route des Indes par le Cap. Tandis que d'un côté, Christophe Colomb se dirige vers l'Amérique et débarque dans l'une des Antilles, d'un autre les entreprises des navigateurs portugais, sous la vive impulsion du prince Henri, se poursuivent vers de lointains pays, Madère, les Açores, le cap Bojador, le cap Blanc et le cap Vert, jusqu'à la Guinée. Malgré la mort de ce prince, vers 1463, le mouvement continue. Dès 1485, Barthélemy Diaz découvrait cette pointe méridionale de l'Afrique qu'il surnomma le « cap des Tempêtes, » et douze ans plus tard, en 1497, Vasco de Gama doublait ce cap redoutable qui devenait le cap de Bonne-Espérance, en même temps que Jean Cabot débarquait le premier sur le continent américain. La découverte de la voie du cap de Bonne-Espérance devait opérer une grande révolution dans les relations du monde ; pendant trois cent soixante-douze ans, les navires prirent ce chemin pour aller aux Indes et à la Chine : il y a onze ans seulement que, grâce à l'énergie, à la persévérance, disons le mot, au génie de notre compatriote M. de Lesseps, ils ont été obligés, après le percement de l'isthme de Suez, de descendre la mer Rouge. Jadis le commerce des Indes et du Levant était entre les mains des Vénitiens, qui, grâce à leurs correspondances et à l'appui de l'Égypte, recevaient à leurs comptoirs d'Alexandrie les marchandises qu'ils transportaient ensuite dans toute l'Europe. Ils allaient trouver des rivaux. A la suite de Vasco de Gama, sur cette route nouvelle des Indes qu'il a indiquée, se rue cette bande d'hommes glorieux que conduit le grand Albuquerque qui, d'étape en étape marque, depuis Aden jusqu'à Canton, la puissance du Portugal d'alors. Et à cette épopée sans égale, il ne manque même pas le barde : l'Homère portugais, Camoëns, qui aura en passant évoqué le Génie formidable qui garde le cap des Tempêtes, ira oublié, méconnu, désespéré, composer son poëme immortel, « les Lusiades », à Macao, au sud même de la Chine.

C'est à cette époque de renouveau et de grandeur, Messieurs, que je commence le cours de cette année, dont je vais vous retracer les lignes principales :

Après Aden, après Goa, après Malacca, les Portugais se dirigent vers la Chine et ils y débarquent dès 1514, ainsi que l'indique une lettre du Florentin Andrea Corsali au duc Giulano de' Medici, du 6 janvier 1515, publiée par Ramusio (1). Les relations du Portugal avec la Chine, après avoir pris un développement énorme, diminuent en même temps que grandit l'ascendant des autres pays étrangers ; les descendants d'Albuquerque et d'Almeïda forment aujourd'hui une race dégénérée, intermédiaire entre les Européens et les Chinois ; ils n'ont pas encore de traité avec la Chine ; leur antique cité de Macao, qui n'avait pu résister à la concurrence de son heureuse rivale Hong-kong, a été ruinée il y a quelques années (2) par un épouvantable typhon, et cette ville même de Macao, qu'ils réclament comme leur colonie, comme leur bien, est revendiquée par les Chinois comme n'étant qu'un lieu d'occupation temporaire.

Aussi brillante, mais plus éphémère encore, fut la puissance des Hollandais, qui n'ont en Chine qu'un consul général chargé

(1) *Navigationi et Viaggi*, I, 1563, ff. 180 *a* et *b*.
(2) 23 septembre 1874.

d'affaires; l'histoire de leur occupation, au XVIIe siècle, de l'île Formose, reprise sur eux par le pirate Koxinga, et le récit de leurs différentes ambassades jusqu'à la dernière, en 1795, celle de Titsing, racontée par Van Braam Houckgeest, forme un des chapitres les plus intéressants des relations de la Chine avec les pays d'occident.

Nous allons un instant abandonner ces expéditions venues du Midi pour remonter vers le Nord, où les Moscovites commencent leur marche lente, mais sûre, vers le Pacifique.

C'est sous le règne d'Ivan IV que commencent, à l'est de l'Oural, ces incursions des Russes que la mer même n'arrêtera pas, puisque la puissance du tsar s'étendit jadis au delà du détroit de Berhing. Le Cosaque Irmak fut le conquérant de la Sibérie. Tobolsk est fondée en 1587; les Russes ont entendu parler du bassin de l'Amour en 1636; sept ans plus tard une bande de Cosaques descend le cours de ce fleuve jusqu'à la mer, et en 1651, Khabaroff, au retour de cette expédition sur la rive gauche de l'Amour, à l'extrémité la plus septentrionale de la Mandchourie, bâtit un petit fort qu'il nomma Albasine.

Les Russes ne tardèrent pas à se trouver en contact avec les Chinois; de là des guerres qui se terminèrent, le 27 août 1687, par un traité de paix signé à Nertschinsk. Depuis cette époque, la Russie a envoyé ambassades sur ambassades, et profitant soit de nouveaux traités, soit d'embarras monétaires de la Chine, elle a su s'emparer sans bruit de territoires nouveaux et elle est maintenant arrivée au terme de sa marche à l'est; mais, limitrophe de la Corée qu'elle convoite, elle déborde au delà de l'Amour et de l'Ousouri et gagne peu à peu du terrain en Mongolie et en Mandchourie; du côté de l'Asie centrale également elle étend sa puissance, mais le traité conclu cette année même par M. le marquis de Tseng lui a fait rendre Kouldja et son territoire, qu'elle occupait depuis 1871.

Les premières relations de la Chine avec l'Angleterre datent de la reine Élisabeth. C'est en effet de l'année 1596 qu'est daté le premier document officiel relatif à la Chine. J'ai chez moi les trois premiers volumes des « Calendars of state papers » relatifs aux

Indes orientales, à la Chine et au Japon. Ils s'étendent de l'année 1513 à l'année 1624 et sont pleins de documents intéressants sur les efforts des Anglais pour trouver un passage vers le nord-est.

Le commerce des Anglais avec la Chine s'est rapidement développé; nous n'insisterons pas sur le côté pénible de ce commerce, sur le trafic de l'opium, qui a même été la cause de la guerre terminée en 1842 par le traité de Nanking. Il m'est plus agréable, retournant un peu en arrière, de rappeler le faste des ambassades de lord Macartney (1793) et de lord Amherst (1816), qui d'ailleurs n'amenèrent aucun résultat pratique. La guerre de 1858-1860, faite conjointement avec la France, a assuré aux étrangers de nouveaux avantages. L'Angleterre en a largement profité et est aujourd'hui sans conteste à la tête du commerce européen en Chine. Elle a néanmoins trouvé dans sa jeune rivale américaine une redoutable concurrence.

Le premier navire américain est parti de New-York pour la Chine le 22 février 1784, huit ans, comme on le voit, après la déclaration de l'indépendance des États-Unis; ce navire se nommait « The Empress of China » et il portait M. Shaw, qui devait être le premier consul américain en Chine. La fortune des maisons américaines a longtemps balancé celle des maisons anglaises en Chine, et il fut un temps où Russell & C°, Heard & C°, Olyphant & C° marchaient de pair avec Jardine, Matheson & C° et Dent & C°.

A cette étude des relations des États-Unis avec la Chine se rattachera celle de l'émigration des Coolies en Californie, que nous aurons à traiter longuement; nous aurons également à revenir sur cette question importante, vitale même, à propos du Pérou et du Brésil, qui ont également des traités avec Peking. Nous devrons parler de l'influence insuffisamment étudiée qu'aura sur l'émigration des Chinois le percement de l'isthme de Panama. Nous sommes de ceux qui croient à l'implantation de la race jaune au détriment de la race noire, qui ne la vaut ni en intelligence, ni en patience, ni en sobriété, dans les Antilles et dans l'Amérique du Sud.

Les relations de l'Allemagne et de l'Autriche avec la Chine sont de date relativement récente; le commerce allemand a peu à peu augmenté; les négociants de cette nationalité, avec des maisons montées sur un pied modeste et leur cabotage à prix réduit, font la plus dangereuse concurrence aux riches comptoirs anglais et aux bâtiments qui les desservent.

J'aurai également à parler, dans le cours de cette année, de ces pays scandinaves, Danemark, Suède et Norvège, dont le pavillon a longtemps flotté dans les mers de Chine à côté de ceux de l'Angleterre et de la France.

L'Espagne ne joue qu'un rôle effacé en Chine; il serait moindre encore, si la question des Coolies n'avait été soulevée à propos de l'île de Cuba. Des dominicains espagnols ont en partage la province du Fokien. Enfin, pour terminer l'énumération des puissances qui ont des représentants à la cour de Peking, il serait injuste de passer sous silence la Belgique et l'Italie, qui s'efforcent d'ouvrir en Chine de nouveaux débouchés à leurs produits.

Nous avons gardé la France pour la fin.

Les relations de la France avec l'extrême Orient remontent à une époque fort éloignée ; notre intention n'est cependant pas de nous arrêter ni aux ambassades de saint Louis, ni aux lettres écrites par Argoun et Oldjaitou à Philippe-le-Bel, mais de nous occuper des temps modernes. Nos relations avec l'Asie ne commencent véritablement qu'à l'époque de Louis XIV. En 1685, le grand roi envoya à Siam et à la Chine six missionnaires de la compagnie de Jésus, les pères de Fontaney, Tachard, Gerbillon, Lecomte, Visdelou et Bouvet, qui assurèrent les bases de ces missions qui ont été et sont encore aujourd'hui la vraie raison de l'influence de la France dans l'extrême Orient.

On avait fondé de bonne heure des compagnies de commerce à la Chine. Une première, en 1660, fut réunie à la Compagnie des Indes en 1664. En 1697, un sieur Jourdan obtint de la Compagnie des Indes la permission, moyennant une certaine somme, de fonder une compagnie de Chine qui tomba pendant la guerre pour la succession d'Espagne. Une troisième compagnie, fondée en 1713, ne fit aucun usage de ses privilèges. Enfin la Compagnie des Indes se décida à diriger elle-même son commerce à la Chine, à l'aide d'un conseil de direction composé de trois membres et établi à Canton.

Après la suspension du privilège de la Compagnie des Indes, la nécessité de représenter la France d'une façon plus officielle et plus régulière s'étant fait sentir, un consulat fut créé à Canton par décret royal du 3 février 1776. Nous retraçons en ce moment, dans une publication qui se compose de documents tirés des archives du département des affaires étrangères, l'historique de ce consulat, aujourd'hui fort oublié, et dont le dernier gérant paraît avoir été M. de Guignes fils. Les événements de la Révolution et de l'Empire ne laissant aucun loisir pour continuer des relations avec la Chine, elles cessèrent complètement.

Le gouvernement de la Restauration n'eut pas l'occasion de renouer avec l'empire du Milieu la tradition de Louis XIV. Ce n'est que sous le règne du roi Louis-Philippe, à la suite de l'ambassade Lagrené, que des relations régulières se sont enfin établies, interrompues une fois par les événements qui ont causé la guerre, glorieuse pour nous, de 1860.

Voilà, Messieurs, l'ensemble du cours que je me propose de faire cette année. On y trouvera, je crois, une histoire neuve encore et pleine d'enseignements. Et n'eût-il pour résultat que de vous faire apprécier le rôle plein de grandeur de notre pays dans des contrées éloignées, de comprendre les résultats d'une politique large qui dépasse les intérêts du clocher, je penserais avoir suffisamment rempli le but que doit se proposer tout professeur d'histoire : relever le sentiment du patriotisme par les leçons que nous fournira l'histoire d'un passé glorieux.

Angers, Imprimerie Burdin et Cie, rue Garnier, 4.

www.ingramcontent.com/pod-product-compliance
Lightning Source LLC
LaVergne TN
LVHW010218230826
846091LV00008BB/3568

* 9 7 8 2 0 1 3 6 3 5 2 4 0 *